AF509633

LETTRE

DE

QVELQVES NOVVEAVX

CONVERTIS

DE FRANCE

à Monſieur Jurieu ſur ſes lettres Paſtorales.

A FRANCFORT.

Chez FREDERIC ARNAVD.

M. DC. LXXXVII.

LETTRE

DE

QVELQVES NOVVEAVX

CONVERTIS

écrite de Paris à Monsieur lu,
Ministre du Saint Evangile a
l'Eglise Vualone de Roterdam.

Monsieur et tres Honoré Pere.

NOVS recevons tous les jours de merveilleuses consolations de vos lettres Pastorales que vous avez la bonté d'écrire à ce pauvre Troupeau qui est abandonné au milieu des Loups: nous prions sans cesse l'Eternel qu'il continüe de repandre sur vous la sainte benediction, & qu'il vous inspire les lumieres qui nous sont necessai-res pour ne pas succomber aux tentations qui nous environnent de toutes parts. Mais helas! le malin esprit a semé de l' vraye parmi le bon grain. Il se trouve au milieu de nous de faux freres qui font tout leur possible pour nous entraîner avec eux dans l'état de perdition. Ils ont communiqué vos lettres aux Papistes qui n'ont point manqué d'y contredire & ces contradictions nous causent de grands desordres. C'est ce qui nous a fait prendre la liberté de vous proposer les objections de ces faux freres qui prestent l'oreille à ceux qui veulent nous seduire par toutes sortes de voyes. Nous vous supplions tres humblement de vouloir satisfaire à ces difficultez qui font capables d'ébranler les foibles, & de les jetter même dans le precipice. Nous vous representerons seulement dans cette lettre les reflexions qu'on a faites sur la deuxiéme & troisiéme lettre Pastorale au sujet de Monsieur de Meaux, & il y a de l'apparence qu'elles viennent de la part de ce Prelat qui a bien de la subtilité, & qui n'oublie rien pour nous attirer à son parti.

On-dit que vous n'avez pas raison de vous en prendre aux Evêques de France qui se font la pluspart opposez à nôtre persecution. On assure que plusieurs d'entre eux ont empéché autant qu'il leur a été possible l'entrée des Dragons & autres ennemis de Iesus-Christ dans leurs Villes, & que lors qu'ils y ont été, ils ont donné tous leurs soins pour les en faire sortir. Les plus sçavans Docteurs de l'Eglise Gallicane aussi bien que les plus habiles Evêques ont toûjours eu pour maxime, que *la foy ne se commande point, fides non imperatur.* Cela, disent-ils, est si vrai qu'on a imprimé depuis peu à Paris des ouvrages composez par des Docteurs de Sorbone qui condamnent hautement l'inquisition d'Italie & d'Espagne où l'on fait mourir les gens simplement pour leur creance. C'est pourquoy on juge que vous avez eu tort de reprendre ce que Monsieur de Meaux a dit, *que la vraye Eglise ne persecute personne, & qu'il ne faut imputer a une Religion que ce qu'elle ordonne de croire.* Vous traitez cela de *galimatias & d'une hardiesse inconcevable dans les Docteurs du Papisme.*

Cependant Monsieur que pouvons nous répondre à des gens qui nous montrent des livres publiez par des Docteurs de Sorbone & imprimez à Paris il y a plus

de trente ans avec privilege & approbation,
& qui ont été reimprimez plusieurs fois.
C'est ce qu'un homme aussi éclairé que
vous étes n'a pas pû ignorer, & delà on
conclut que vous êtes de mauvaise foy
quand vous dites dans vôtre deuziéme
lettre Paftorale; *Nous prouvons que la perfecution eſt l'eſprit de l'Egliſe Romaine, & par
ſes principes & par ſa doctrine & par ſa pratique.*
Vous ajoûtez de plus que la France regarde
le Concile de Conſtance comme le plus
authentique qui ſe ſoit celebré depuis mille ans, & qu'on y a fait brûler Iean Hus &
Ierôme de Prague; que les Albigeois, les
Vaudois, les Bohemiens & tant d'autres
n'ont été maſſacrés que par ordre des Con-
ciles & des Papes qui ont publié contre eux
des Croiſades. Mais on répond à tout cela
qu'il y a de l'ignorance ou dela malice de
vôtre part à faire ces ſortes d'objections
aux Catholiques de France qui ſont dans
des ſentimens tout oppoſez. Il eſt vray
qu'ils reçoivent le Concile de Conſtance,
mais non pas comme le plus authentique
qui ſe ſoit celebré depuis mille ans. Vous
outrés, dit-on, toutes les matieres: car quoy

qu'ils reçoivent ce Concile, les plus doctes d'entre eux & les plus gens de bien n'ont jamais approuvé la conduite qu'on y tint à l'egard de Iean Hus & de Ierôme de Prague. L'on nous à fait voir aussi Monsieur que les plus savans de France blâment les Croisades dont les Papes ont été les auteurs, & qu'ils traitent le zele des Princes d'alors d'indiscret.

A ce que vous objectez qu'il ne s'est point fait de massacres que les Papes n'ayent commandez ou approuvez, cela ne tombe point sur l'Eglise de France qui est tout à fait éloignée de cette Doctrine. L'on nous demande si nous pouvons raisonnablement nous plaindre d'une Eglise qui fait profession de croire & de pratiquer le contraire de ce que vous luy imputez. S'il se trouve quelques flatteurs qui soient dans des opinions contraires, & qui poussent les Puissances à nous accabler, ces gens là ne sont point approuvez de la plus grande & dela plus saine partie de ceux qui composent cette Eglise qui ne s'accorde pas là dessus & en plusieurs autres choses avec la Cour de Rome. On trouve mauvais que vous ayez avancé dans vôtre seconde lettre Pastorale, qu'il est constant *que tout ce qu'il y a de gens de bon sens à la Cour de Rome se moquent de la conduite de la France & la detestent;* & que ce pendant vous n'ayez apporté aucun témoin d'une proposition qui a paru un étrange paradoxe. Car pour ce qui est de la lettre de la Reine de Suede, que vous produisez, on croit que c'est une piece supposée; outre qu'on ne peut pas s'imaginer que vous mettiez au nombre de ceux qui composent la Cour de Rome cette Princesse. Vous sçavez que ce qu'on nomme la Cour de Rome n'est composé que du Pape, des Cardinaux, d'un grand nombre d'Officiers & de quelques *Signori* qu'on apelle autrement *Prelats.* Du reste l'on ne répond point de ce que cette Reine qui est mal avec la France en peut dire en son particulier.

Il y a encore moins d'apparence à ce que vous ajoutez que le Pape *comme homme de bon sens se reserve le droit de condamner en particulier tout ce qu'il aprouve en public.* Cela auroit besoin de preuves. Il est vrai que le Pape est un zelé Augustinien, qu'il hait

mortellement les Iesuites, & qu'il a voulu
supprimer il n'y a pas long tems cette Societé à laquelle Monsieur le Cardinal Détrée
a rendu de tres grands services dans cette
conjonĉture: mais cela n'empesche pas
qu'il ne soit nôtre ennemi, & qu'il n'ap-
prouve aussi-bien en son particulier qu'en
public tout cequi s'est fait en France à nôtre
égard. C'est à quoy le porte la doĉtrine de
S. Augustin, & nous n'avons point deplus
grands ennemis que ceux qui font profession d'étre Augustiniens. Calvin & nos
autres premiers Reformateurs qui ont crû
qu'on devoit mettre à mort les Heretiques
s'appuyent principalement sur l'autorité de
ce Pere. Ils se sont fondez sur son épître
ad vincentium, que quelques flatteurs des
puissances nous opposent encore aujour-
d'huy. A vous dire le vray nous aurions sou-
haitté Monsieur que vous n'eussiez point
remué cette vieille querelle de Servet
dans vôtre seconde lettre Pastorale contre
M. de Meaux. Car tout cequi se passa dans
cette affaire à Geneve & dans quelques
Eglises de Suisse ne nous est gueres favo-
rable. Groot a bien sçû remarquer quelle

étoit d'un tres mauvais exemple pour les Reformez de France. Ce qui est de plus fâcheux, est que nos gens mêmes en ont fait imprimer avec soin les actes où l'on voit que ce sont nos Ministres tant de Geneve que de plusieurs autres Eglises voisines qui ont sollicité fortement la mort de Servet. Il y a des lettres de Calvin qui l'avoüe librement ; & comme s'il eût fait une action tres loüable, Servet ne fut pas plutost brûlé qu'il écrivit contre lui, & qu'il publia une dissertation pour montrer qu'on doit punir de mort les Heretiques, *Iure gladii coercendos esse hæreticos.* Cette dissertation fit grand bruit : mais bien loin que nos Docteurs se moderassent par la force des objections qu'on leur fit là dessus, Beze écrivit un traité sur cette même matiere où il va encore plus loin que Calvin & où, il assure, que les Magistrats sont obligés en conscience de punir les Heretiques qui sont dans leurs états, parce qu'ils sont ennemis de la paix & du repos public.

On nous a de plus fait voir dans cet ouvrage de Beze qu'il y refute les Peres qui ont crû qu'il ne falloit pas poursuivre les

Heretiques avec ces rigueurs qu'on a exer-
cées contre nous en France. Nous avons
opposé en plusieurs rencontres aux Papistes les belles paroles de S. Hilaire à un
Empereur où il le suplie de faire cesser ses
rigueurs contre les Ariens, comme nous
l'avions lû dans les remarques de Môsieur
Burnet sur l'avertissement Pastoral du clergé de France: mais cela nous a été inutile,
parcequ'on nous a montré en même tems
les paroles de Beze qui détourne le passage
de ce Pere, comme s'il avoit eu un zele
mal reglé en favorisant les heretiques.
Que pouvons nous répondre Monsieur à
des autoritez si expresses tirées des livres
de nos premiers Reformateurs, Si nous les
abandonnons, on ne manquera pas de nous
dire que nous avons grand tort de vouloir
faire passer pour des gens suscitez de Dieu
des personnes sanguinaires, & qui ont pour-
suivi avec ardeur de pauvres miserables
jusqu'à ce qu'ils les ayent fait mourir cruellement. On nous défie de montrer que les
Ecclesiastiques de France trempent leurs
mains dans le sang des Heretiques, comme
nos Ministres ont fait à Geneve & en

Suisse. Si nous objectons les duretez qu'on a pour nous, on nous renvoye aussi-tost aux actes du procés fait à Valentin Gentil à Geneve, qui ont été imprimez au même lieu en 1597 avec les traitez Theologiques de Calvin. Ce miserable fut jetté dans une prison obscure chargé de chaînes, & bien qu'il se retractât de ses erreurs, on ne vouloit point l'en tirer qu'il ne donnât une caution suffisante de n'y pas retomber. Etant reduit à l'impossible & languissant dans les fers il presenta sa requeste au Senat de Geneve.

Les Papistes nous opposent encore plusieurs autres faits semblables qui nous donnent de la confusion ils se servent des lettres du celebre André Dudith qui quitta son Evéché pour se ioindre aux Reformez, lesquels il abandonna ensuitte pour se ranger dans le parti des Vnitaires étant scandalisé de la conduite de nos Ministres de Geneve & de Suisse. Ces lettres ont été imprimées avec celles de Socin dans la Biblioteque des freres Polonois, & il y en a entre autres quelques unes adressées à Beze qui étoit de ses amis à qui il reproche avec

force la cruauté de nos premiers Reformateurs, qu'il attribue à tous ceux qu'il appel-
le Calviniftes. Voici Monfieur les termes
dont il fe fert dans la lettre qu'il écrivit de
Cracovie à Beze en 1570. affurant qu'il
luy parle *à cœur ouvert*, & comme à fon
„ ami. Les Difciples des Apôtres n'ont ja-
„ mais fait brûler perfonne pour ne pas
„ s'accorder de creance avec eux, ils n'ont
„ fait mourir cruellement quique cefoit,
„ ni envoyé en exil. Ils n'armoient pas les
„ peuples contre leurs Souverains, & ils ne
„ publioient pas des ftatuts qui ordonnaf-
„ fent qu'on établiroit la Religion par la
„ voye des armes. Dites moi je voùs prie,
„ apres cette reformation de l'Evangile
„ que vous croyez ne fe conferver dans la
„ pureté que chez vous, ne voit on pas
„ qu'on y commet impunement toutes
„ fortes de crimes; que tout les lieux font
„ remplis du fang d'une infinité de perfon-
„ nes; qu'on dreffe des embûches aux Prin-
„ ces & aux Magiftrats; qu'on y propofe
„ des recompenfes aux voleurs & aux affa-
„ fins; qu'on y excite les meurtriers à com-
„ mettre leurs meurtres en leur faifant

„ eſperer le ſalut éternel, & qu'on a porté
„ la rebellion & la ſedition dans la France
qui eſt le plus beau païs du monde.

Voilà Monſieur une étrange peinture
de nôtre Réformation, & l'on nous objecte
en même tems que ce ne ſont point des
Papiſtes qui parlent, mais nos amis & des
gens qui publient qu'ils ont vû de leurs
yeux tout ce qu'ils avancent, & qui le prou-
vent même par ce qui ſe pratiquoit alors.

„ Vous approuvez, continuë Dudith en s'a-
„ dreſſant à Beze, ces ſortes de gens qui
„ entretiennent depuis ſi long tems une
„ cruelle guerre dans le milieu de leur païs,
„ vous offrés des prieres à Dieu pour leur
„ ſalut & pour obtenir la victoire, & vous
„ mettés même au nombre des Martyrs
„ ceux qui meurent dans le combat. La Re-
„ ligion Chrêtienne a-t-elle beſoin de tels
„ deffenſeurs ? Chriſt vôtre Maître vous a-
„ t-il mis entre les mains ces armes pour
„ deffendre ſa Religion ? Ces paroles d'un
ami à ſon ami ſont bien fortes. Dudith fait
profeſſion de parler à Beze avec ſa liberté
ordinaire, & en même tems avec toute la
ſincerité poſſible. Nous n'oſerions ajoûter

les reflexions que nos ennemis ont faites
sur ces paroles de Dudith. Ils disent que
vous êtes le veritable successeur de nos premiers Reformateurs; que tous vos discours
& tous vos libelles tendent à établir de
nouveau l'Evangile dans la France par la
voye des armes, & que vous donnés à des
Rebelles la qualité de Martyrs de Iesus-
Christ. On nous a aussi donné des extraits
d'une lettre du même Dudith à Volfius
Ministre du saint Evangile à Zuric qui
étoit de ses amis, comme il paroît parce
qui est contenu dans la lettre. Il luy represente qu'on a grand tort d'accuser les Papistes de cruauté, puisque les Réformés
sont pires qu'eux. Ce qu'il prouve par les
exemples de Servet, de Gentil, & de plusieurs autres qu'ils on fait mourir pour leur
creance. Il objecte à Volfius que ceux de
Zuric ont fait sortir de leurs Villes dans les
plus grandes rigueurs de l'Hyver Ochin qui
étoit un Vieillard avec sa femme & ses enfans sans le vouloir entendre. Il décrit les
persecutions que Lasco & plusieurs étran-
gers qui s'etoient joints à lui souffrirent de
la part des Evangeliques qui leur refuserent

le couvert pendant les plus grands froids de l'Hyver dans toutes les Villes où ils demanderent à loger. Dudith ne croit pas qu'aprés cela on puisse avoir la hardiesse de reprocher aux Papistes la tyrannie & la cruauté de la Cour de Rome. *Post alia* dit-il, *hujus generis multa quæ sanè a christiana charitate aliena videntur esse, obsecro te quâ fronte post hac Pontificis tyrannidem obiiciemus? quomodo illius crudelitati insultabimus?* cette lettre est écrite de Cracovie en 1569.

Ce sont là Monsieur les exemples de nos Peres qu'on nous met devant les yeux, & qui ne different point de l'esprit de persecution que vous attribués à la Cour de Rome, si ce n'est, dit-on, que sans nous servir des mots *d'inquisition* & *de croisades* nous avons pratiqué les mémes choses que nous reprochons aux Papistes, & méme avec plus de violence. Ils nient qu'il soit vrai *que le Clergé de France ait été l'auteur de la persecution, & que leur Eglise ordonne de pratiquer la violence contre les heretiques,* comme vous l'avés avancé dans votre deuxiéme lettre Pastorale. Ils prétendent au contraire avoir prouvé suffi-

samment

famment par les exemples rapportés cy-
déffus que l'efprit de perfecution, de rebellion & de cruauté regne parmi nous.
Ils difent de plus que vous avez grand-tort
dans cette même lettre d'attaquer Monfieur de Meaux fur ce qu'il a avancé que
les Princes Chrêtiens font endroit *de fe*
fervir du Glaive pour abbattre les Ennemis de
l'Eglife, puifque Calvin, Beze, Melancton,
Bulinger & plufieurs autres doctes Pro-
teftans ont été de ce fentiment, & que la
prattique a été dans quelques unes de nos
Eglifes.

Quand vous ajoûtez que *les plus fages*
& les plus fenfez des Modernes font d'une
autres opinion, Ils répondent qu'on doit
juger de l'efprit d'une Societé par les premiers & les plus celebres écrivains de cette
Societé, & non par les Modernes qui ont
bien vû que la Doctrine des premiers Réfor-
mateurs tendoit à détruire entierement
leur parti; qu'ainfi on ne devoit avoir aucun
égard au fentiment de nos nouveaux Docteurs qui ont en cela des vûes Politiques,
& qui ont profité de l'avertiffement de
Groot, d'où ils concluent que vous n'avés

pas dû dire, *que la Doctrine que soûtient l'Evê-que de Meaux est une Doctrine Sanguinaire & cruelle;* puisque cet Evéque qui est Augusti-nien n'a rien avancé qui approche de la Doctrine qui s'est enseignée & publiée au milieu de nous.

Pour ce qui est de la difference que vous mettez entre Servet qui a été *un Impie & un blasphêmateur qui avoit renoncé à toute Religion,* & entre les Evangeliques, *qui confessent Dieu & Iesus-Christ selon les trois Symboles.* Ils trouvent que vôtre raisonne-ment ne prouve rien, parce que nous con-venons de principe avec Servet qui a recon-nu la seule écriture pour la veritable regle de la Religion, en rejettant les traditions. Or ce principe que nous ne pouvons nier étant une fois supposé, Ils nous represen-tent que nous n'avons point eu de droit d'accuser Servet d'impieté & de blasphéme, puisqu'il a soûtenu que sa créance étoit fondée sur la parole de Dieu, & que ce que nous appellons impieté & blasphéme ne le pouvoit être que dans l'esprit de ceux qui préferent les traditions des Hommes à cette Divine parole. C'est pourquoy les

Vnitaires ne recoivent que le Symbole des Apôtres, étant perſuadez que les autres Symboles contiennent des additions qui ſont purement Humaines. vous n'avez donc pas raiſon, diſent les Papiſtes, d'appeller blaſphéme & impieté ce qui eſt conforme à vos principes. Nous ſommes au contraire en droit de vous punir, comme des impies & des blaſphemateurs, parce que vos livres ſont remplis d'impietez & de blaſphémes contre les Saints Myſteres de la Religion, & en particulier contre le Saint Sacrement de l'Euchariſtie. Ils pretendent que ce que vous dites dans cette deuziéme lettre, *que nos auteurs ne ſont pas nos Docteurs, & que nous n'avons qu'un ſeul Docteur qui eſt Ieſus-Chriſt parlant par ſes Prophetes & ſes Apôtres,* eſt la même réponſe que Servet fit au Senat de Genéve & à nos Miniſtres, comme il paroit par les actes du procés recueillis par Calvin, à qui le même Servet reprocha qu'il agiſſoit en Papiſte & en Docteur de Sorbone, qui faiſoit des articles de Foy à ſa maniere.

Eam ſibi Iam auctoritatem arrogat Calvinus, ut inſtar Magiſtrorum Sorbonicorum articulos feribat. Ils ne laisserent pas cependant de le faire brûler à petit feu, bien qu'il protestât publiquement qu'il ne reconnoissoit pour *son Docteur que Iesus-Christ parlant par ses Prophétes & ses Apôtres.*

Toutes ces objections nous jettent dans de terribles embarras. La foy de plusieurs des nôtres se trouve ébranlée, ne jugeans pas qu'on puisse facilement resoûdre les objections des Papistes qui nous combattent par vos propres armes. Ils ne sont nullement satisfaits de ce que vous ajoutés au même endroit, *que nous avons pour nous le bon sens, la raison, la pieté, l'humanité & de plus le consentement de la saine Antiquité durant plus de quatre cens ans.* Si cela est, nous disent-ils, il faut que vos premiers Reformateurs n'ayent eu *ni bon sens, ni raison, ni pieté, ni humanité,* ayant été tous de grand Persecuteurs des Heretiques. A l'égard de ces 400. ans que vous opposez, c'est à dire jusqu'au tems de Saint Augustin, Ils vous refutent par vos livres où vous avez avancé que les Peres des premiers Siecles ont tous été de pauvres Theologiens jusqu'à S. Augustin qui a ce pendant crû qu'on devoit perfecuter les Heretiques.

Ils nous menent encore plus loin, nous remettans devant les yeux toutes les perfecutions qu'on a fait fouffrir aux Remonftrans dans les païs Bas. Ces gens là, nous difent-ils, étoient vos Freres & d'une même Communion que vous. Ils reconnoiffoient un Dieu & un Iefus-Chrift de la même maniere que vous. Ils faifoient auffi profeffion de fe foûmettre aux trois Symboles: & cependant vous les avez chargez de chaines. Les Lettres qu'ils ont écrites dans des Cachots où vous les avez jettez font imprimées dans un recueil d'epîtres que ceux de ce parti ont publié. Ils oppofent ces Lettres à celle que vous avez eu foin d'inferer dans vôtre deuz-iéme Lettre Paftorale, & qui a été écrite de la Tournelle à Paris l'année derniere. Les Lettres des Remonftrans à leurs Freres ne font pas moins touchantes que cellelà: car l'on n'y voit que perfecution & cruauté. Et fi l'on examine le fonds de leurs difputes, Ils ne different que fur des points qui ne font point effentiels à la Religion,

& nous ne pouvons y répondre. Comme vous avez défendu nôtre cause publiquement contre les Arminiens aussitost que vous avez été Professeur en Theologie à Roterdam, nous esperons que vous nous ferez la grace de nous éclaicir ces difficultez & de nous marquer si les Arminiens ont merité d'étre persecutez comme ils l'ont été par nos Theologiens. On nous dit icy que tout leur crime ne consistoit qu'à ne point vouloir souscrire au Catechisme du païs, où ils trouvoient quelque chose qui ne leur paroissoit point conforme à la parole de Dieu. L'on nous oppose vos propres termes en changeant seulement le mot de *Romaine* en celuy de *Réformée. Il faut avoir renoncé à la raison, à l'humanité, & étre devenu une bête feroce pour en user, envers des Chrêtiens, comme l'Eglise* Reformée *en a usé envers les Remonstrans.*

Nous craignons Monsieur de vous être ennuyeux par un trop long discours: mais vous êtes trop éclairé pour ne pas voir l'importance des objections que nous vous proposons afin d'en avoir la réponse. L'on conte pour rien cét endroit de vôtre deux-

iéme Lettre où vous remarquez *qu'il s'agit
de savoir si par la force, par le pillage, par les
tourmens on doit extorquer des signatures, des
Confessions, des Communions profanes & Sacri-
leges jointes avec l'incredulité & l'hypocrisie;
que c'est cela que tout le monde deteste unani-
ment.* On nous renvoye à l'epître de S.
Augustin *ad vincentium* où l'on pretend
que toutes ces difficultez sont levées, les
cas que vous proposez y étant rosolus.
Nous n'avons pas osé appeller de l'autorité
de ce Pere, parce que vous l'avez canonisé
comme le plus grand Theologien de
l'Eglise.

Quand vous demandez dans cette
même Lettre *qui sont ceux qui troublent les
états, ou ceux qui tuent, qui massacrent, qui
pillent, ou ceux qui vivent paisiblement;* On
nous remet encore une fois devant les
yeux les Lettres du celebre Dudith, qui
nous a accusez que nôtre reformation
avoit apporté & autorisé les meurtres, les
massacres & toutes sortes de brigandages.
L'on nous a dit que si nous ne le faisons
pas presentement, c'est que nous sommes
dans l'impuissance de le faire. L'on nous

reproche, que bien loin d'avoir mis comme vous l'assurez la Couronne dans la famille des Bourbons, nous sommes au contraire les ennemis de la Monarchie. Il seroit trop long de vous produire tout les passages de nos Ecrivains dont on se sert pour montrer que nôtre Religion tend à détruire la Monarchie. Nous vous renvoyerons seulement à un endroit de Monsieur Leti qui est de nôtre Communion & qui reside presentement chez vous. C'est dans son *Teatro Britannico parte 4. lib. 3. page 253.* où il dit nettement que les Protestans de France & de Geneve ont tous dans le cœur une espéce de Gouvernement populaire qu'ils croyent s'accommoder mieux avec l'état de l'Eglise que le Gouvernement Monarchique. Nous passons sous silence plusieurs autres reflexions qu'on a faites sur vôtre deuziéme Lettre, parce que ce ne sont que des subtilitez de Controverse que nous negligeons. C'est pourquoy nous venons tout d'un coup à vôtre 3.iéme Lettre Pastorale où vous continuez de répondre à l'Evéque de Meaux. Vous avez tres bien fait Monsieur de ne traitter point de nouveau toutes ces questions qui regardent cette *autorité vivante & parlante* à laquelle selon le senti-ment des Papistes les Chrêtiens doivent se soûmettre lors qu'on ne convient pas du sens de l'écriture. L'on n'a cependant pas laissé de combattre vos raisons. Et à ce que vous opposez qu'un remede n'est gueres bon quand il ne produit point l'effet qu'on luy attribue, on répond que le reme-de n'en est pas moins bon, puisque le de-faut ne vient pas du remede ; mais de la part de ceux qui refusent de se l'appliquer, doù l'on conclut, qu'il n'y a que ceux là qui tombent dans l'Heresie, lesquels ne veulent point se soûmettre aux decisiõs de l'Eglise. L'on dit donc que vous raisonnés mal quand vous faites un long dénombre-ment des anciennes Heresies pour prou-ver que cette autorité parlante & vivante est inutile, puisqu'elle n'a pas empéché les Heresies ; qu'à ce compte là toutes les loix & tous les jugemens qu'on rend seront inutiles, parce qu'il se trouve une infinité de personnes qui y contreviennent. On nous demande si lorsqu'il y a de grandes

difficultez fur l'explication de l'écriture, il
ne vaut pas mieux s'en rapporter à un
grand nombre d'Eglifes particulieres qui
s'affemblent pour les refoûdre, qu'à des
Miniftres qui font le plus fouvent intereſ-
ſez, parce qu'ils vivent de la difcorde qu'ils
fomentent. L'on vous a même cité pour
exemple: car l'on eſt icy perfuadé que vous
n'avez d'autre but dans tous les livres que
vous publiez que de vous rendre confide-
rable dans vôtre parti, & d'attrapper de
l'argent des Libraires. On veut même que
vous en ayez tiré d'eux pour l'impreſſion
de quelques Libelles. Nous avons de la
peine à croire qu'un Miniftre du S. Evangile fe mêle d'un métier fi infame qui eſt
condamné par toutes les loix Divines &
Humaines. On aſſu re neanmoins en avoir
des preuves authentiques jufqu'à marquer
la fomme que vous avez reçûe pour de
certains libelles, de laquelle même on pretend que vous avez paſſé Tranfaction avec
les Imprimeurs.

Oferions nous vous dire Monfieur que
les Papiftes vous traittent de Vifionnaire
pour avoir preferé *les lumieres & le bon fens*

des particuliers aux lumieres & au bon sens de toutes les societez Chrêtiennes. C'est le sens qu'ils donnent à ces paroles de vôtre troisiéme Lettre. *Dieu a laissé des moyens tres seurs pour conduire ses enfans à la vie éternelle par le chemin de sa verité. C'est sa sainte parole conjointe avec la direction de son esprit qui conduit infailliblement non les societez entieres, mais chacun des siens en particulier dans toutes les veritez necessaires au salut, & les garde de toutes les erreurs mortelles à l'ame.* Ils appellent tout ce discours un raisonnement de Quakre & de Fanatique qui croit que toutes ses visions luy viennent de l'esprit de Dieu qui le dirige. Vous ne sauriez croire combien ils nous insultent à l'occasion de vôtre livre de *l'accomplissement des Propheties.* Cet ouvrage, disent-ils, est un effet de cet esprit particulier que vous établissez dans vôtre troisiéme lettre. Ils parlent de vous comme d'un *Alumbrado* ou *Illuminé.* Ils nous renvoyent à ces paroles qui sont dans vôtre Avis à tous les Chrêtiens *je puis dire que Dieu m'à ouvert les yeux d'une maniere qui m'a donné plus de consolation que je ne le saurois dire. Car apres avoir consulté cent & cent fois la verité éter-*

telle avec une profonde humilité & une grande attention, enfin elle m'a répondu; au moins je croy que cela est ainsi: & je croy voir clairement que tout ce qui devoit preceder la derniere chûte de l'Empire Antichrêtien est entierement accompli. Ces Profanes à qui la verité Eternelle n'a jamais parlé nous reprochent sans cesse que vous étes un Prophéte des petites maisons. Nous les avons pressés sur le fait des traditions en nous servant de l'exemple de Iesus-Christ qui n'a point eu égard aux traditions des Pharisiens qui étoient de son tems lors qu'il est venu reformer la loy des Iuifs. Vous vous êtes servi fort à propos de ce raisonnement dans vôtre troisiéme lettre pour convaïncre l'Evêque de Meaux, que tout ce qu'il dit de *la suite de tradition dans les Pasteurs, & des eaux qui ne peuvent se conserver que dans les tuyaux* est hors de propos; puisque Iesus-Christ a puisé dans la source, & non dans les canaux qui étoient rompus. En effet c'est tout le fondement de nôtre Reformation; les canaux de l'Evangile ayant été une fois rompus par des traditions Humaines, nous avons eu recours à l'Evangile qui est la source. Ils répondent

à cela que cet argument eſt meilleur dans
la Bouche d'un Iuif que d'un Chrêtien, &
que vous changez l'état de la Queſtion,
parce que les Chrêtiens reconnoiſſans
Ieſus pour le veritable Meſſie avoüent en
même tems qu'il a pû par ſon autorité
reformer la loy, d'où ils concluent que
tout ce que vous avez avancé favoriſe la
Religion des Iuifs. Du reſte ils ne demeu-
rent pas d'accord que les tuyaux de la tradition ayent été rompus. Ils aſſurent au contraire qu'ils ſont appuyez ſur de bons fon-
demens & qu'ils montreront facilement
qu'ils ont conſervé les anciennes traditions
de l'Egliſe; qu'au contraire nos Docteurs
par un eſprit particulier & de ſchiſme les
ont abandonnées.

Nous voilà dans un nouvel embarras
de diſputes, & nous nous trouvons ſouvent
trop foibles pour ſatisfaire àleurs objections.
Nous aurions ſouhaitté que vous ne vous
fuſſiez point embarqué ſur cette grande
Mer. Le plus court chemin, ce nous ſem-
ble, ſeroit de nous en tenir à la pure parole
de Dieu : car nos ennemis triomphent
quand ils en viennent à la diſcuſſion des

faits dont ils font leur principale étude, vous favez que Monfieur Claude tout habile homme qu'il étoit ne s'eft pas trop bien tiré d'affaire au fujet de la creance des Sectes d'Orient fur la Tranfubftantiation. Nous nous fouvenons que dans ce tems là quelques uns des nôtres qui entendoient ces matieres difoient en raillant, que *Monfieur Claude étoit defvrienté.*

Il n'y a rien de mieux fenfé que les deux methodes generales que vous nous donnez *pour nous defaire des Sophifmes de nos Conver-tiffeurs.* Mais nous aurions befoin d'un nouveau fecours pour répondre en particulier aux nouvelles raifons que ces Convertiffeurs apportent pour détruire vos methodes. A ce que vous dites, *qu'en fouf-flant fur leurs pompeufes raifons de droit vous les faites difparoître par une feule preuve de fait* ils répondent que vous ne gagnerez rien pour fouffler. Car quand on leur oppofe avec vous que l'Eglife Romaine n'eft point infaillible puifqu'elle a erré en cent chofes, ils nous reprochent fierement nôtre ignorance. Vous apportez par exemple trois chefs de cette erreur, favoir l'Introduction

des Images dans les Temples, l'établisse-
ment de l'Invocation des Saints & le Retranchement de la Coupe ; Ils disent à leur
tour qu'ils n'ont qu'à souffler sur vos raisons de fait pour les faire disparoître tout
d'un coup.

Premierement ils soûtiennent que
l'honneur qu'on rend aux Images est une
chose de discipline, & ils nous le montrent
par plusieurs auteurs, & même par des
écrits de Theologie qui ont été dictez à
Paris par de tres habiles gens. Or il est cer-
tain que ce qui regarde purement la discipline dans la Religion est sujet au change-
ment. Ils reconnoissent qu'au tems même
de Saint Augustin l'usage des Images n'é-
toit pas encore dans les Temples, parce
que l'Idolatrie n'étoit pas alors tout à fait
abbatüe, & que lors qu'il n'y a plus eu d'I-
dolatrie dans l'Eglise, on a pû se servir des
Images, & en éloigner en même tems le
culte Idolatre. Ces Images, nous disent
ils, sont dans toutes les Societez Chrétien-
nes du monde. Il n'y a que quelques Protestans qui les rejettent, & ils nous demandent, si dans un point qui n'est que de disci-

pline, & par conſequent indifferent, il ne
vaut pas mieux ſuivre toutes les Egliſes du
monde, que de s'en rapporter au caprice
de quelques nouveaux Miniſtres qui n'a-
yant ni bon ſens ni literature s'erigent en
Prophetes, & veulent faire accroire au ſim-
ple peuple que la verité éternelle qu'ils
conſultent ſans ceſſe dans leur profondes
meditations leur a apparu & leur a répondu.

Voilà Monſieur comment ces gens là
ſoufflent ſur vos raiſons de fait ; & pour nous
montrer qu'ils ſont au moins auſſi-grands
ſouffleurs que vous, ils produiſent contre
nous pluſieurs actes tirez des Egliſes Pro-
teſtantes qu'ils nomment Lutheriennes,
& entre autres cette celebre Conference
de Monbeliard entre Theodore de Beze
de nôtre part, & Iacques d'André de l'autre part. On nous y accuſe d'abord d'avoir
été furieux en detruiſant dans la France
& dans les païs Bas pluſieurs beaux Temples, qu'on devoit mettre au nombre des
choſes indifferentes. Voici les paroles de
ceux de la Confeſſion d'Auſbourg. *Furor
ergo non zelus, quòd paſſim in Gallia & Belgio
quàm plurima templa ampliſſima diruerunt &
funditus*

funditus everterunt. Elles sont un peu fortes
& ils ajoutent ensuite que les Images &
même les sculptures sont d'elles mêmes
des choses indifferentes, *Imagines sive pictas
sive sculptas quibus historia & res sacræ repræ-
sentantur adiaphoron esse.* Il est vrai que Beze
a fait imprimer cette Conference avec de
nouvelles réponses pour fortifier celles
qu'il avoit déja faites. Mais nonobstant les
nouvelles réponses, on revient toûjours
contre nous à la charge, & l'on nous objecte qu'on poûvoit ôter le Culte Idolatré
des Images en les conservant à l'exemple
des Lutheriens qui en ont dans leurs Temples, & qui assûrent qu'il n'y a aucune loy
Divine qui en defende l'usage, c'est la
remarque que fait le Docteur Iacques
d'André qui consent qu'on détruise les
Idoles : mais il veut qu'on ait de grandes
precautions pour tout ce qui regarde l'édi-
fication de l'Eglise où l'on represente les
Histoires sacrées par des Peintures ou par
des Sculptures, & qu'il faut sur tout avoir
égard aux foibles. *Idola tollenda esse consen-
timus, in his verò quæ ad repræsentandas sacras
Historias vel picta vel sculpta sunt, ædificatio
Ecclesiæ spectanda, & considerate agendum. In*

C

primis vero infirmorum perpetua ratio habenda eſt.
Nous avons mis les paroles Latines de la
maniere qu'on nous les a donnés , & l'on
nous a fait encore remarquer pluſieurs
autres choſes ſur l'Introduction des Images
dans les Temples, autoriſées par les Proteſtans d'Allemagne.

En ſecond lieu, pour ce qui appartient
à l'Invocation des Saints, ils pretendent
que s'il n'y a pas des textes formels dans
l'Ecriture ſur leſquels on la puiſſe établir,
il y en a au moins d'où on la peut tirer par
des conſequences auſſi claires que ſont
celles dont nous nous ſervons pour appuier
certains articles de nôtre Confeſſion de
foy. Il ſeroit trop long de vous marquer
leurs raiſons qu'un homme auſſi éclairé
que vous êtes peut bien prevoir. Ils ſont
de plus venir à leur ſecours le conſente-
ment de toutes les Egliſes du Monde qui
ont la même creance qu'eux ſur l'Invocation des Saints. Ils en inferent que c'eſt à
tort que vous accuſez l'Egliſe Romaine
d'avoir innové là deſſus, puis qu'elle convient avec toutes les autres Societez Chrêtiennes, & qu'ainſi ſa creance eſt Catho-
lique & Orthodoxe; qu'au contraire les

Proteſtans ont innové en s'éloignant des traditions de leurs Peres reconnues generalement dans les Egliſes d'Orient & d'Occident.

A l'égard du retranchement de la Coupe, Ils paroiſſent ſinceres en ce qu'ils avoüent que l'uſage du Calice a été auſſi bien dans l'Occident que dans l'Orient juſqu'à ces derniers Siecles, & que ſi on la retranché dans l'Egliſe Latine, c'eſt qu'on y croit que ce n'eſt qu'une matiere de diſcipline, & qu'on peut par conſequent changer pour de bonnes raiſons, de la méme façon qu'on a changé dans cette méme Egliſe la maniere de Baptiſer par immerſion ou en plongeant, laquelle eſt marquée expreſſement dans l'Ecriture, & qui s'obſerve encore aujourd'huy dans toutes les autres Egliſes.

Vous avez ajouté à ces trois chapitres d'erreur & d'innovation dans l'Egliſe Romaine la Tranſubſtantiation, l'Adoration du Sacrement, la Meſſe & le Purgatoire, qu'on ne peut trouver dans l'Ecriture. Nous avons profité de l'inſtruction que vous nous donnez en ce lieu là, où vous nous dites; *pour peu que vous ſoyez inſtruits*

dans la parole de Dieu, vous démonterez facilement les plus habiles Sophistes, quand il s'agira
de prouver que toutes ces choses là ne sont point
dans l'Ecriture. Il ne faut pas plus d'habileté
pour cela qu'il en faut à un homme pour
prouver qu'une Chambre est vuide quand il n'y
a rien. Mais ces Sophistes qui ne man-
quent pas de ruses ont bientost démonté
vôtre batterie. S'il est vray, ont-ils dit, que
l'Eeriture ait exprimé distinctement tous
les articles de nôtre creance, comme vous
le soûtenez hardiment, faites nous y voir
nettement tout ce qui est contenu dans
vôtre Confession de foy. Nous avons ac-
cepté avec Ioye ce deffi ; & pour en venir
aux preuves nous leur avons mis entre les
mains l'excellent livre de Monsieur Daillé
qui a pour titre La foy fondée dans l'Ecriture, & où tous les points de nôtre Confession sont demontrez par des passages
formels de la Bible.

Mais ils nous ont communiqué en même temps une réponse foudroyante qui
nous a mis hors de combat. C'est un Dialogue entre Monsieur Daillé & Crellius,
où ce dernier examine pied à pied tous les
passages de l'Ecriture, dont Monsieur

Daillé se sert pour prouver la Trinité des Personnes en Dieu, le Mystere de l'incarnation & plusieurs autres articles de nôtre Confession. Il oppose d'autres passages, & il n'oublie rien pour faire voir que ceux qu'on employe pour établir ces Mysteres ont tout un autre sens, que celuy que Monsieur Daillé leur attribüe. Nous ne savons point si ce pernicieux Livre a été imprimé ou non. Les faux Freres qui l'ont eu des Papistes nous en ont seulement communiqué une Copie Manuscrite, & ils nous ont assuré qu'il a été composé par une personne qui est morte de puis peu en Angleterre dans la Religion de l'Eglise Anglicane; & ils nous l'ont même nommé.

Cet ouvrage a jetté de furieux doutes dans l'esprit de quelques uns de nos Freres qui jugent que Crellius explique plus naturellement les passages de l'Ecriture, que Monsieur Daillé ; & les faux Freres survenans là dessus ont osé dire, que s'il faut prendre parti, il n'y a point de milieu; qu'il faut être ou Papiste ou Socinien, & que ce milieu que nos premiers Reformateurs ont pris n'est point soûtenable, à moins d'avoir recours à la tradition, laquelle étant

une fois ſuppoſée, il faut diſent-ils rentrer
dans l'Egliſe Romaine, doù nous ſommes
ſortis mal à propos. A moins que Dieu ne
nous envoye un prompt ſecours, la plus
part de ceux qui ont lû ce Dialogue tom-
beront infailliblement dans le precipice.
Leurs lumieres ſont trop foibles pour diſſi-
per les doutes que leur a cauſez ce méchât
ouvrage. Nous invoquons ſans ceſſe avec
une profonde humilité la verité éternelle,
& elle ne nous répond rien. Nous deſirons
ardemment qu'il vienne icy quelque ſa-
vant Homme de vos quartiers, que nous
puiſſions conſulter dans nos difficultez qui
augmentent tous les jours dans cette Ville,
où il y a de ſavans Papiſtes qui nous har-
cellent continuellement.

Vous voyez par là Monſieur, que les
methodes que vous nous propoſez dans
vôtre troiſiéme lettre Paſtorale ſont deve-
nües inutiles; parce que vous y ſuppoſez
que l'Ecriture a tout-dit, & que c'eſt une
abſurdité de ſoûtenir le contraire. Mais
l'Auteur du Dialogue qui fait parler Crellius pretend montrer avec evidence, qu'il
nous eſt autant impoſſible de prouver par
l'Ecriture le peché Originel, la Predeſti-

nation & plufieurs autres articles de nôtre
créance, qu'il eſt impoſſible aux Papiſtes
de prouver par la même Ecriture la Tran-
fubſtantiation, l'Adoration du Sacrement,
la Meſſe & le Purgatoire: d'autre part les
Papiſtes ſe vantent d'avoir pour eux la tradition ſur tous ces points & le conſente-
ment de toutes les Egliſes du Monde.
Pour nous en convaincre, ils nous ont mis
entre les mains plufieurs Livres qui traittent ces matieres. Quelques uns de nos
Freres n'ont point voûlu les lire; mais il y
en a d'autres qui les liſent & qui ſont en
grand danger de ſe perdre. Nous avons
beau demander aux Papiſtes, en nous ſer-
vant de vos propres termes, *s'il y auroit eu
de la ſageſſe en Dieu d'inſtruire ſi imparfai-e-
ment l'Egliſe*, ils ſe moquent de nous, & ils
nous renvoyent à la foy de Crellius fondée
dans l'Ecriture avec bien plus de proba-
bilité, diſent-ils, que celle de Daillé. Ils
nous demandent où eſt cette *reſſource infaillible dans l'Ecriture* que vos Miniſtres
vous promettent, puis que vous ne pouvez
pas ſatisfaire aux raiſons d'un Socinien qui
ne ſe ſert que de l'Ecriture pour vous combattre par vos propres armes.

Nous vous remontrons encore une fois
tres-humblement Monfieur, qu'il eft de la
derniere importance que nous ayons en
cette Ville un habile homme, afin que
nous puiffions le côfulter dans nos doutes.
Nous luy fournirions de quoy fubfifter
honnêtement. En ayant deliberé entre
nous, la chofe nous a paru facile à executer.
Vous favez qu'il y a eu toûjours quelqu'un
de nos Miniftres qui ont vifité en fecret
nos Freres qui font dans les Païs Bas Efpa-
gnols fans que cela ait fait aucun bruit.
Vn Miniftre de vos Provinces qui faura
le François paffera icy pour Etranger, & fe
traveftiffant en Marchand il ne s'expofera
à aucun peril. Nous vous fupplions d'en
conferer avec Meffieurs vos Confreres.
Vous apprendrez plus en particulier l'état
de nos affaires par l'honnête Marchand de
vôtre Ville qui retourne chez vous, & qui
a eu la bonté de fe charger de nôtre lettre
pour vous la donner en main propre s'il
avoit pû refter encore quelques jours à
Paris, nous vous aurions envoyé un plus
grand nombre d'objections qui nous viennent tous les jours de la part des Papiftes
fur vos lettres Paftorales. Nous ne man-

queton point de vous les faires tenir à la
premiere occasion. Nous vous dirons seulement en general, qu'ils pretendent que
vous confondez de certaines opinions qui
ne s'enseignent que dans les Cloîtres par
des Moines, avec les veritables sentimens
de l'Eglise Romaine, & qu'en combattant
ces sortes d'opinions vous faites voir que
vous étes un pauvre Theologien. Ils croy-
ens que vos lettres Pastorales ne peuvent
servir qu'à entêter les femmes & les igno-
rant, & qu'on y voit des preuves evidentes
d'une ignorance profonde dans l'Histoire
Ecclesiastique. La grace du Seigneur Iesus
soit avec vous, & qu'il vous comble de ses
Saintes Benedictions. Nous sommes avec
une tres parfaite soûmission.

Monsieur & tres honoré Pere.

Vos-tres humbles& tres obeissans serviteurs
& fils qui gemissons sous la captivité
de Babylon.

à Paris le 15. de Mars. 1687.